며느리서까래

며느리서까래

안윤희 시집

계간문예

| 시인의 말 |

이렇게 복되고 복되고 복되어 환갑시집을

딸로 태어나, 국어 선생이 되고, 아내가 되고, 엄마가 되고, 시인이 된 매 순간을, 가장 아름다운 모습으로 살 수 있도록 그 분은 나를 붙들어 주셨습니다. 당신 안에 정해 놓으신 내 삶이 이렇게 복 되고 복 되고 복 되어 올해 화갑花甲 나이가 되었습니다.

아호가 부연婦椽입니다.

지혜로운 며느리가 시아버지 고민을 해결해 드린 효심의 며느리서까래, 이중으로 겹쳐 댄 서까래가 네 귀를 공중으로 날렵하게 물어 올린 듯 맵시 있는 처마선은 아름다우면서도 중후해서 품위가 느껴집니다. 부연처마 밑으로 새들이 드나들고 자연과 어울림에 우아미를 만들어낸 것처럼 교사로, 아내로, 엄마로, 시인으로 그처럼 살고자 애썼습니다.

세상에 무한한 것이 있나요? 세월이 흐를수록 먼저 가신 부모님에 대한 그리움이 커져 가고, 이젠 교사로서의 생활도 정년이 가깝습니다. 그때 좀 더 잘할 걸 하는 후회는 안 하려합니다. '늙어감' 은 행복한 질서요, 아낌없이 내주는 아내, 엄마가 가장 행복한 일입니다. 더 없이 큰 이 우주를 그냥 보라고 내주신 하느님 사랑 안에서, 하늘을 우러러 한 점 부끄럼 없이 살다가, 이 세상 소풍 끝나는 날 그분께 가서 진정 아름다웠다고 말하고 싶습니다.

2018년 가을

운무재에서 안윤희

■ 차례

1부
엄마 품

2부

행복한 아침 노래

3부
사랑하는 이에게

4부
소중한 추억

제1시집

늦둥이

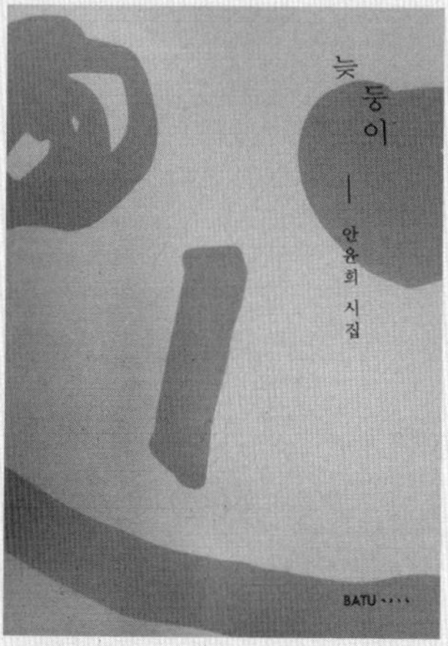

어여쁜 것이 어찌 꽃뿐일까?

반半 미수米壽에
꽃보다 더 예쁘게
태어난
나의 분신!

볼 비비며
앙가슴 파고들면
입덧부터 태동이 살아온다.

눈부심이 어찌 푸름뿐일까?

시드는 몸에 열 달을 기대
생기生氣로 태어난

나의 꽃
나의 푸름

늦둥이!

제1부

엄마 품

시인詩人

말과 글로
나조차 속이며
끄적거린 시詩
나부랭이

시인이란 이름
부끄러워
열 번 스무 번
고해성사 마치면

신神은 아주 가끔,
괜찮은 시 한 편
안겨주신다

그래서 시를 쓰고
·
그래도 시를 쓰고
·
·
그러니까 시를 쓴다.

말言

말은
발이 달렸지

천리마千里馬보다
더 빨리
더 멀리 가는 말

보이지도 않는
그 말 때문에

상처 입은 영혼의
밤은

길
고

길

다.

안부

한 줄의 문자
뜻밖의 목소리로

행복 가득한 날!

반가움에 나는
손 편지를 쓴다

보고 싶다고!

짝사랑

너는 모른다,
누군가에게

그리움의 빚을 지고
있다는 걸…….

봄나물

사람이 사는
가장 낮은 곳에서

냉이,
꽃다지,
민들레는

꽃샘추위 속
햇살로
봄나물 되어

개다리소반 위
찬거리
넉넉히 대주고

보릿고개 넘어
먼 길 떠나네.

목련꽃 그늘 아래서

'목련꽃 그늘 아래서 베르테르의 편지를 읽노라' 던 목월의 4월. 나는 똑같은 목련꽃 그늘 아래서 봄나물을 뜯었다. 망초, 냉이, 참쑥이 금방 한 바구니 가득 담겨 부자가 된 듯하다. 내친김에 아래 밭을 내려가 둘러보니 방풍, 돌미나리, 머위도 내기하듯 크느라 야단이다. 아참, 모자를 쓰고 나올 걸. 따가운 햇살에 잠시 망설이다가 기미, 검버섯은 나중 일이라 접어두었다. 유독 추웠던 지난겨울을 굳세게 이겨낸 푸성귀들. 세상에 얼굴 내밀자마자 촌부 손에 붙들려 자신을 송두리째 내주게 된 억울함이 느껴져 애써 외면하며 한 접시 될 만큼씩만 베어냈다. 그네들 계획엔 감히 상상도 못했을 커다란 손이 되어버린 순간! 세상 밖에 인간보다 더 큰 존재가 나를 들어 올릴 수도 있음을 문득 깨닫는다. 신의 계획 안에는 애시 당초 없었던 것들, 안달하며 턱없이 부린 욕심이 주욱 하늘에 닿았을 텐데. 순백의 목련꽃이든, 저녁 밥상에 오르는 한 줌 나물이 되든, 아낌없이 내주는 '인정' 으로 살고 싶은 이순耳順의 나이. '빛나는 꿈의 계절아, 눈물 어린 무지개 계절아?' 왜 물음표를 붙였는지 목월의 마음을 조금은 알겠다.

밭에서 문득

손톱 밑
까만 때
훈장처럼 여기며

노후
소일거리 채마밭에
혼자였던
아버지

얼마나 외로웠을까

그 밭에 내가 서 있다
아버지처럼…….

진실과 거짓

"볕이 좋아 밭에 간다."
까맣게 그을린 엄마 얼굴은
"아니"
라고 말한다

"시간이 잘 가 들에 간다."
녹초가 되어 잠든 엄마 코고는 소리는
"아니"

일하기 좋은 사람 어디 있을까?
거짓인 줄 알면서도 믿었던 내가
다음 생에 엄마 만나면 어찌 고개를 들지

참, 걱정이다.

육회 한 접시

우둔살 살짝 얼려
채 썰어 무친

시원한 배 위에
육회 한 접시

“비싼 걸 왜?”
하시면서도
맛있게 드시는 우리 엄마

채소보다 고기가 싼 세상에
찬밥에 물 말고
새우젓 찍어
끼니 때우는 외로운 밥상

고기가 싫은 게 아니라
자식 먹이느라
안 드셨다는 걸

너무 늦게 깨달은 건 아닌지…

퇴근 길 들러
급하게 마련한
육회 한 접시

마지막 밥상이 되었네.

아기 새야, 잘 가

'쿵!'
아주 작은 새
바닥에 떨어졌다

앞 산 하나
그림처럼 들어앉은 거실 유리창이
미안해 어쩔 줄 모른다

어디로 가다
얼마나 서둘러 가다가
투명한 실체에 속고 말았는지
가엾은 아기 새
어서 일어나렴

알량한 동정심을 발휘해
한 종지 물 담아 건네 본다
기척에 눈 뜨는 실낱같은 회생回生
'살았구나!'
어서어서 기운차려

갈길 가렴
새 아침 이별로 시작해도
슬픈 일 아니다

네 가슴에 담은 욕심 얼마나 크다고…
세상으로 나가는 내 창窓에 비할까
크고 많은 것
움켜쥔 손 뻗어 커튼을 닫았다

밤새 뒤척인 불면不眠 너머
밝은 햇살이 들어온다
데크deck 위엔
덩그러니 물그릇만 남았다
창에 붙은 솜털만 아니면
한바탕 꿈같은 조우遭遇

아기 새야, 잘 가.

엄마 품

하룻밤도 아니고
한 번만
엄마 품에 안기려니

욕심 많은 막내는
틈을 안 주고
매번 언니를
밀어낸다

멋쩍게 떨어져 나가는
순둥이 둘째딸
다 컸는데도

그렁그렁
눈가가 빨개지네.

달

오가는 이 없는
산골 지나다

안마당도 기웃거리고
들창문도 들여다 보다

툇마루에 걸터앉아
쉬던 달

마실 가는 누나한테 딱 걸려

화들짝
구름 뒤로 숨는다.

목아 박물관에서

아버지 49재 때
못 다한 효도 어머니께 다 하겠다
금부처님, 스님, 손님 앞에서
요란스레 맹세한 큰아들과 며느리

당신 여생은 비단길이라며
늙은 시누이, 조카딸들 비아냥댔다

쓸쓸한 세월이 흐르고 흐르고
그래도 부처님 오신 날에는 오겠지
찾아오지 않았다
전화도 없었다

섭섭함은 차츰 걱정이 되어
어미 가슴 까맣게 타들어 가는데
구박받고 자란 외동딸
이물 없이 찾아왔다

석가탄신일 미련 남아
딸내미 따라 나선 목아 박물관에서
나무로 만든 부처님들을
원願없이 만났다

불전佛錢도 놓지 못하고
그저 큰아들, 친손자 위해
빌고 또 비는 노구老軀를

목불木佛은 가만히 안아주었다.

안개 사라진 아침에

답답하여 잠시
동작을 멈추게 한 안개

두 귀를 열고
출구를 찾는 커진 동공

사방이 희미할수록
예민해진 감각은
어쩜, 어쩜, 어쩜, 무용지물

차라리 시간이 가기를 기다려라
이 또한 지나가리라

자연스레 네가 물러나니
탁 트인 시원함

서두르는 출근길
조급증에 또 달리다

가속페달 밟은 발을
살짝 들었다.

이웃

가까이 더 가까이
귀 기울이라네

귀뚜라미 말고도
노래하는 풀벌레

크게 더 크게
눈을 뜨라네

반짝이는 별 말고도
빛나는 반딧불이

부창부수夫唱婦隨

엄마는 저녁만 되면 마실 오신다
사실은 아버지와 있기 싫어 피해 오시는 거지만
묵은 얘기들 쏟아놓으시며 서너 시간 놀다 가신다
내 운동 시간도 앗아가고
아이들 공부 시간도 앗아가고
말씀으론
"에미야, 어서 운동 가거라."
"얘들아, 들어가 공부해라."
궁둥이는 꿈쩍도 않으시니 웃음만 나올밖에……

우리 집에 오시면
안 심심하고
따뜻해서 좋고

나도 다 안다

점점 인색해진다는 아버지 흉
침대 위에 전기 옥 매트 의지해 당신은 뜨듯하다 주무시고
보일러 수위치만 올리면 톡! 끄신단다

"엄마가 올리시지 왜?"
"치사하다 치사해. 얼어 죽고 말지……"
아끼기에 동참하는 우리 엄마는
속으론 대견해하면서 입으론 아버지 밉다 하신다
엄만 그렇게 미워하며 사랑하며 아버지랑 60년 넘게 사셨다

애증의 세월이었을까?

자기 연민에 빠져 그녀를 사랑하다

그 많은 사람 중에 왜 그 여자가 기다려지는지 알 수 없습니다

카페 지붕보다 키가 웃자란 나는,

큰길에서 꺾어져 들어오는 차를 유심히 지켜보며

그녀를 기다립니다

그 여자가 들어오면 카페 쥔장은 편안히 쉬던 자리를 얼른 내주고,

창 넓은 자리는 이내 환하게 밝아지며 빛을 냅니다

그러면 나는 터질 듯한 반가움에 가지를 높이 들어

그 여자가 사랑하는 하늘과 강물을

방 안에 맘껏 들여놔 주고 홀로 흐뭇해합니다

살아있는 하늘, 숨 쉬며 흘러가는 강물을 보면

욕심이 나가고, 미움이 나가고, 시름도 다 잊을 수 있다는

그녀 맘을 퍽 오래전에 알았거든요

단아한 중년의 여자가
유리창 너머 소파에 앉아
천천히 커피를 마신다
촉촉한 큰 눈에 하늘도 담기고

구름도 담기고
때론 오동나무가 머무르기도 한다
달싹 이는 입술로 시를 읊고
반짝이는 눈물로 사랑을 찾고
한숨으로 가슴 쓸어내리는 슬픈 몸짓
내 마음 오래오래 아프게 한 그 여자의
등 돌려 사라지는 뒷모습은 사랑이다
흐느끼는 바람은 그 여자의 배경이다

나의 불면이 온전히 그녀를 위해 존재한다는 걸, 그리고
내가 할 수 있는 행복한 일이
그녀를 기다리는 것과
그녀의 하늘과 강물이 보이게
나의 팔을 높이 들어 올리는 일임을 깨달았습니다
내 사랑은 그녀만 있어주면 행복한 일이니까요.

콘서트

그이가 준비한
티켓이 아까워 나섰다

천만 원짜리 드레스라 자랑하고
웃으라 들려주는 개그는
지나도 한참 지난 유행어들

내용 없는 이야기를
언변도 없는 그가
한참을 떠든다

노래나 하지……

고대하던 가수 목소리
오케스트라 반주에 묻혀
들리지도 않는데

옆에 앉은 통통한 여인
벌떡 일어나
가수인 양 신나서 노래한다

'사랑밖에 난 몰라'

제2부

행복한 아침 노래

황학산 수목원에서

여주를 감싸 안은
황학산 수목원
천지가 귀하고 볼수록 아름답다

여강 줄기 따라 세상을 돌아
돌아온 꽃들과
벽공을 차올라 우주를 떠돌다
다시 모인 수목들이

활짝 피어 인사하고
늘어서서 맞이하는
고향 땅 휴식처

피곤에 지친 몸
아물지 않은 상처를
보듬고 감싸 품어주는
고향 땅 안식처

맑아진 머리와 눈을 들어
보는 삼라만상森羅萬象이
더욱 귀하고 더없이 아름답다

누구든 포근히 안아주는
황학산 수목원에서
고향 내음에 한껏
취해본다.

유월 장맛비

하늘에 구멍이 났는지
쏟아 붓는 초여름 장맛비를
친구 먼 길 떠나 슬퍼서
내리는 비라 어떤 이는 말하고

사회복지사 김 선생은
노점상 할머니 좀 쉬라고
공치는 날 만들어 주는 거라 하지만
손주 키우는 할미는 한숨을 섞어
매운 마늘을 몇 시간째 까고 있다

눅눅한 단칸방에 곰팡이는 성하고
잦은 기침소리 방 안 가득한데
켜놓은 텔레비전 홈쇼핑에선
값비싼 제습기가 반짝거린다

인적이 끊긴 텅 빈 세상에
줄기찬 빗줄기가 푼돈 줄을 끊을 때
쇼 호스트는 안락한 스튜디오에서
부자의 돈다발을 세고

나락으로 떨어진 가난한 이는
반 지하 창문으로 들이치는
굵은 빗방울에 움찔하다가
요염한 호스트의 목소리에 끌려
부러운 시선을 옮긴다

하늘에 구멍이 났는지
히말라야 준봉을 거침없이 오르던
먼 길 가는 친구 위해
어제부터 장대비로 가는 길 쓸어내린다고
어떤 이는 말 · 했 · 다.

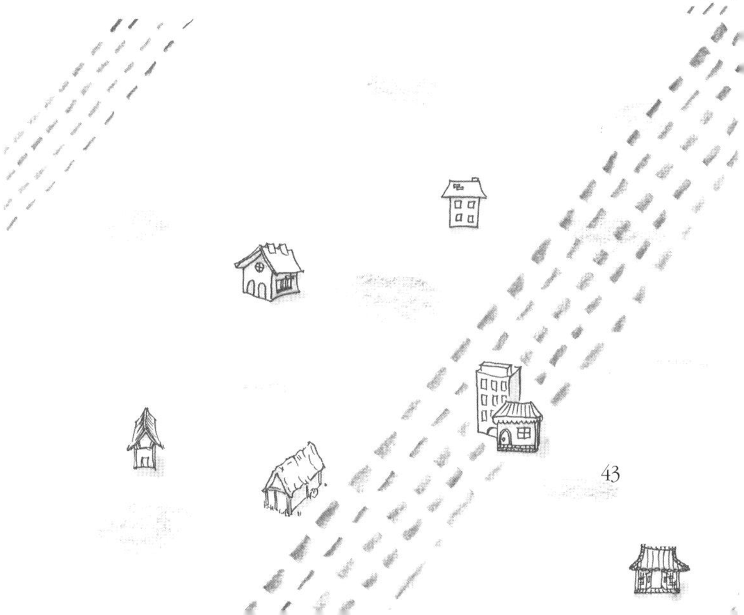

수국水菊

절 마당 꽃밭에
내려앉은 별무리

풍경風磬소리
가득 안고
돌아왔더니

우리 집 꽃밭에도
수국이 활짝

반가워라,
파아란 별무더기!

폭염 경보

뙤약볕 아래
축 늘어진 들깨 행렬이
패잔병 같더니

밤새 이슬 먹고
전세戰勢를 다듬었나?

작열하는 태양을 향한
꼿꼿한 출전出戰 준비

출근길 만나는
회생回生한 네 모습

반갑기도 하지만 앞서는 걱정

오늘도 폭염이 이어진다니…….

늙으면

늙으면 기운이 입으로 모인다고
점잖지 못하게
웬 허세

찾아오지도 않는 자식 자랑
예쁘지도 않은 마누라 자랑
웃기지도 않은 힘 자랑

늙으면
말을 아끼고
기운을 아끼고
있지도 않은 자랑은
삼갈 것

오래된 나무가
좋은 악기를 만들 듯

늙으면
나이테만으로도

멋이 있고
깊은 울림이 있나니

서러움도
억울함도 버릴 것

늙는다는 것은
공평한 일

하느님의 축복!

노추老醜

올라갈 때 보지 못한 꽃을
내려올 때도 못 본 그 분,

손이 맘 같지 않아서
몸이 맘 같지 않아서
손을 탓하고
몸을 탓하는 그 분,

시인이라는 너울로
미수米壽의 나이가 지나도록

'이리 오너라, 뒤태를 보자.
돌아보아라, 손 한번 잡아보자.'

빌려 입은 실크정장 상의보다
더 구겨진
처녀의, 늙은 여류 시인의 상처들

괴물의 손길을
거목의 독설을
이젠 침묵하지 않으리라

나이를 먹으면 곱게 늙어야 하나니
잘 생기지 못했고
멋지게 늙을 수는 없을지라도
추접스레 늙으면 안 되는 건데

유치幼稚보다 심한 것이
그 분의 노추老醜더라.

* 2018년 문단 아니 문화계의 성추행 사건을 기억하고자 씀

현충일 유감

푸른 제복이 수의壽衣 되어
돌아온 나라는
참 낯설다

망종芒種에
고향집으로 보내온 유골
부둥켜안고 울어나 보던
유족의 슬픔을
못 잊어
소쩍새 우는 골짜기

산곡을 헤매다
산화散花한 임의 넋은
아직도 고국산천을 떠도는
유월의 하늘이건만

고개 숙인 후손은
일 분 묵념이 끝나면
서둘러 자동차에 몸을 싣고

즐거운 주말처럼
여행을 떠난다

빛바랜 태극기만이
빈 집을 지키며
보훈의 날 기억하는
참 낯선 땅,

행복한 조국이여!

홍조紅潮

내 맘의 분노
아랑곳 않고
담장엔 붉은 장미 활짝 피었다

나도 저쯤에 피어있는
꽃이었으면……

푸른 하늘을 벗 삼다
뜨거운 태양에
불살라 재가 되어도
꽃으로 살다가고파

지아비도 남처럼 느껴지고
늦둥이도 밉게 보이는
부정하고픈 모성

붉게 타오르는
저 장미
갱년기 지나서도 피었을까?

늙어 가는 길목에서
만난 화火가 말한다

'당신은 장미보다 더
붉은 여름을 살았노라' 고

능소화

예쁜 꽃은 숨어도 드러나고
그윽한 향기는 사방에 퍼지니
궁녀 소화가 빈嬪이 된
꿈같은 하룻밤

어쩔거나,
그 날 이후 발길 끊은 성은聖恩
이제나 저제나 담장 옆을 서성이며
그림자라도 보려다
기다림은 지치고 시름시름 앓다
꽃으로 피어난 가엾은 소화

멀리 보려는 듯 고개를 내밀고
발소리 들으려 귀 세우며
웃는 듯 활짝 벌린 꽃잎들

덩굴을 타고 크는 그 꽃은
세월이 흐를수록
담장을 휘어 감고

기다리다 지는 순간까지
품위를 잃지 않는
의연한 꽃송이로
뚝! 뚝! 떨어지는 능소화!

혹여 누군가 그 모습에 취해
만지거나
떨어진 꽃을 주우면
눈이 멀게 된다니
소화의 한恨은 깊고도 깊구나

한여름 어디선가
도도한 그녀를 만나게 되면
오로지 멀리서 바라만 보고
그 사랑 영원히 지켜주기를…….

개망초

이국땅 시집 와
설움 받는

제 복에 산다던
바리데기

뜨거운 햇살에도
꼿꼿이

너른 세상
덮을 듯
분칠한 얼굴

고향 바라
밤낮없이 긴 여름

발끝 곧게 세운
기다림의 끝에

눈물로 피어난
진주떨기

행복한 아침 노래

잦아드는 빗줄기를 보며 고추 몇 개 따러 밭에 내려갔다. 반은 누운 듯한 고춧대에 주렁주렁 달린 고추들. 우중에도 잠깐 난 볕에 발그레 익은 토마토며 커다란 잎새 뒤에 숨어 자란 호박. 미안해 고추 댓 개, 호박 한 개, 토마토 두 개 따 담았다. 뿌리 내린 곳에서 열심을 다하는 자연을 보며 나를 추스른다. 공짜로 받아 거저 살면서도 왜 그리 욕심은 자라는지. 소쿠리 속 채마에 미안한 맘 전하며 흙 묻은 발을 털고 있는데 뜸 들이는 밥 냄새가 집안 가득하다. 멸치 다시 낸 물에 된장을 풀어 감자, 호박 두부를 아끼지 않고 넣어 찌개를 끓이며 어슷어슷 썬 고추와 파 한 줌을 도마 한 쪽에 밀어놓았다. 장마 땜에 힘들게 익은 작은 토마토 두 개를 반 토막씩 내어 식구 수에 맞춰 접시에 담아 거실로 나가니 그인 대견하다며 한입에 넣으셨고 설탕 안쳤다고 꽁지 빼는 아이들에겐 예뻐지고 키 크는 거라며 강제로 맛보였다. 남들은 일상이겠지만 우리에겐 일주일에 한 번 허락된 가족의 따스함이다. 보글보글 끓어오르는 찌개에 고추와 파를 넣어 간을 보니 기막히구나. 강낭콩 얹은 기름진 밥에 구수한 된장찌개! 오늘 아침은 축복 가득한 성찬이었다.

회춘回春

장맛비 물러가나보다
운무 가득한 밤하늘인데 별이 빛난다
투 썸 플레이스에서 커피를 마시며
두 딸과 수다 잔뜩 떨고 들어오는 길

별 보고
감탄하는 어여쁜 처녀야!
덕분에 나도
젊음으로 돌아가 본다.

은혼銀婚 해에

1.
전방 골짜기 옹색한 살림
당신 아내로
스물다섯 나이테!

너럭바위에 누워 볕도 쬐고
들꽃과 정 나누다
산을 닮아버린 군인 아내

시린 골바람에 쪼그리고 앉아
군화를 닦고
주름 많은 군복을 다리며
수의壽衣 쓰다듬는 수고한 날

아! 스무 번이 가까운 이사
이젠 산을 떠나
바다로 간다.

2.

고속도로를 달리며
바다를 만난다는 기쁨에
딸들의 수다마저 경쾌한 노래

끝없이 펼쳐진 짙푸른 세상이
지평선 다른 한 편에
바다로 존재한다는 사실

누구나 바다를 그리지만
모두가 바다를 만나지는 않는 것처럼
누구나 사랑을 하지만
모두가 부부가 되지는 않는다.

3.
인연!
부부의 연으로
스물다섯 해
당신이 있고 내가 있어
조롱조롱 아이들

사랑한단 말 안 해도
알 수 있는 부부를
훈풍 부는 바다
동해의 푸른 파도가
환영하듯 팔을 벌려
달려온다.

붉은 칸나

팔월 뜨락에 붉은 칸나가
태양보다 뜨겁다

사랑을
불사른 젊은 날
영겁의 세월이 비껴간
그 길목이었을
산방 뜰에
뜨거운
주인공으로 타오른다

팔월의 파초 신기루 여인이
굵은 빗방울에 춤을 추며
훨훨 하늘에 오른다

날아오르다
죽어도 좋을,

피 토하는
칸나의 뜨락!

무더위

날마다 더위를 더하는
폭염의 연속

에어컨을 놓아야 하나
말아야 하나

고민, 고민하게 만드는
남편 성화에

자연 바람 벗 삼기는
그른 것 같다

무더위 못 참고
에어컨 노래하는

그 성화를
끝내

이기지 못하네.

며느리서까래

출가외인 서러움을
모르고 살았다

이름난 대목수 시아버지는
닳고 닳아 짧아진 대패와 끌처럼
연장 닮아 작아진 몸으로
마지막 절을 지으라

늙으면 총기도 사라지는지
전 날 잘라놓은 서까래
쓸모없이 되었구나
식음을 전폐하고 탄식할 때

남의 딸 데려다
눈칫밥 안준 은혜를 어찌 잊을까
서까래 덧대자고 졸라댄 며느리

짧은 만큼 덧붙인 서까래가
지붕을 떠받들자

하늘로 날아갈 듯 탄생한 추녀

대웅전은 멋스럽게 위용을 뽐내고
백발의 시아버지 기뻐 내지른 외마디는
며느리서까래,
부연婦椽아!

어설픈 시인인 나
글쟁이로 사는 동안
며느리서까래이고저,

나 사는 동안
부연이고저!

어머니

자식을 자랑스레 여기며
살아온 당신은
한때 용광로보다 더 뜨거웠습니다

이제 아기가 되어가는 당신,
내가 돌볼 아기가 되어
가는 당신은
세월 앞에 담담하게
사위어 가는 불꽃입니다

단 한번도
자식의 서툶에 실망하지 않고
늘 당연히 여겨 귀애했던 것처럼
오늘, 당신을 보며
비로소 비밀을 가슴 깊이 품습니다

내가 돌볼 아기가 되어가는 당신이
마지막 주신
너무나 귀한 선물은
효도할 수 있는 이름의
'시간' 이라고…….

소나기

갑자기
기마병처럼
몰려오는 구름떼

장독뚜껑 닫으랴
빨래 걷으랴

한바탕 돌아치고 나니
쨍쨍한 하늘

맥없이 주저앉아
기억해 낸

한 때 소나기
일기 예보.

햇고구마

햇고구마
맛보자고 한 솥 쪘다

껍질 톡 터져
노란 속살을 내보인 고구마

달달한 냄새가 기특했다
초보 농사꾼,
남편이 더 기특했다.

엄마 사랑법

탄저병 들어
돌보지 않는 밭
주인 사랑 잃고도
고추는 붉어간다

희나리 가득한
고추밭에서
성한 것 찾아 담는
알뜰한 우리 엄마

언제나 올까
아들, 아들, 아들
발소리 들릴까 귀 열어놓고
불그레한 고추 골라

부족한 자식 보듬듯
바구니에 담는다,
정성스레.

산이 부른다

맑은 산소 채웠다
그늘 만들어 놨다
꽃이 피었다
머루 다래 익었다
갖은 구실로 불렀건만

늙어야 열리는 귀인가
아파야 들리는 귀인가

소소한 것들에 매여
게으름을 안고
바쁘다 바쁘다 입으로 살다가

숨쉬기 힘들지
무릎 아프지
그럼 운동해야지
의사가 시키는 말에 자극받아
안일을 털고 무작정 나선다

산이 부르는 큰 소리
아하! 이제야 들린다

늙어야
아파야
비로소 들리나보다.

소풍

선풍기와 노닥이다
식은 밥 한 덩이
졸졸졸
흐르는 냇가에
내려놓았다

텃밭 쌈 뜯어
냇물에 씻고
쌈장 쿡 찍어서
당신 한 입
나 한 입

발목타고 오르는
시원한 냉기에
달아나는 무더위

진작 나올 걸…….

제3부

사랑하는 이에게

가을 문턱에서

감기가 제일 먼저
손을 잡는 가을

고열로
잠긴 목소리
병원 문을 열었다

서둘러 나왔는데
대기실은 벌써 만석
하느님이 공짜로 주신
계절을 맞는데도
대기표를 받고
기다리는 진풍경

젊은 의사
안경 너머로
잠시 만난 시선
애처로운 표정지어
몸말 하려니

다음 환자 부르는 소리

아픈 주사 한 대 맞고
처방전을 받아 쥔 손끝이
떨린다

따끈한 호박 물에
꿀 한 숟가락 풀어
호호 불며
떠먹여 주신
힘줄 불거진 엄마 손

가을 문턱에서도
엄마가 무척 그립다.

코스모스1

신神이 처음 빚은
우주 닮은 꽃

너무 커
볼 수 없는 이 우주를
행여 사람들 궁금해 할까
지구로 보내준 코스모스

비바람을 견디고
온갖 손길 참으며
곱게 피었다 지는
소명召命의 가을 들녘

인생도 혼자면
외롭고 무서워
서로서로 의지하는
코스모스처럼

예쁘게 가을을 살아낸다

우린
신神의 형상대로 빚은
귀한 꽃이기에…….

코스모스2

'코스모스를 노래함' 을
흥얼거리며
너에게 간다

활짝 핀 너를
들여다보면
셀 수 없이 많은 별들이
반짝인다

네게는 찾아오는 손님이
참 많구나
벌, 나비는 물론
불청객 애벌레도
맞아들이는 넓은 마음
코스모스는
그래서 우주인가 보다

앞 다투어 피어나는
너희들은

색색이
조화로운 별 밭

해마다
우주 닮은 네 곁에서
코스모스를 노래하는
나도
어느 새 별이 된다.

* '코스모스 노래함' 은 이기순 작사, 이흥렬 작곡의 한국 가곡

구월의 노래

구월 한 달은 빗속에서 살게 되나보다. 폭염을 견뎌낸 곡식이 여물어야할 이 때, 하늘은 햇볕 한 점도 아까워하고 있다. 때를 놓쳐 빨갛게 익고도 곯아떨어지는 고추와, 누렇게 배를 내밀고 있는 호박에 벼 나락까지 목 놓아 울고 있다. 퇴근길 밭에 들러, 비닐하우스에서 간신히 말린 고추 두 자루를 싣고 왔다. 아버지가 여름내 땀 흘려 가꾸신 고추, 우리가 피서 간 시간에도 밭고랑을 오가며 뙤약볕에서 키우신 흔적들. 병치레 없이 잘 자란다고 그리도 좋아하셨던 고추가, 가을장마에 여지없이 녹아나고 있다. 인간이 아무리 애를 쓰고 고집을 부려도, 하느님의 계획 안에 없다면 그건 모두 허사다. 농사일이 이런데 하물며 사람 농사에서랴? 주신대로 감사하는 순응을, 부지런이 몸에 밴 부모님 곁에서 살고 있음에 감사할 뿐이다. 구월이 있어 시월이 오고 그래도 풍성한 가을이다.

햇밤 밥

쌀쌀한 기운이 옷깃 여미게 한다. 텃밭 한 번 돌아보고 마을길로 나선다. 알밤 벌어 길바닥에 밤알이 널렸다. 다람쥐 먹이일 수도 있겠지만 오늘은 내가 두 주먹 주워가련다. 껍질을 벗겨 밥솥에 넣었다. 갓 지은 밥을 담아낸 공기 위에 밤알을 수북이 올렸다. 골프장 근처에서 사 먹는 비싼 밥이 이보다 맛있을까? 잔디밭 공놀이에 푹 빠져 신 새벽 집을 나간 얄미운 남편이 왜 떠오를까. 참 모를 일이다. 가을이 풍성해서 너그러워지나보다.

낙엽

떨어지는 잎새
동자승처럼

작은 손 흔들며
대지 품에 든다

미동 없는 떨어진 잎새
선승禪僧처럼

하고픈 말 많지만
묵언 수행에 든다.

추석 이후

배부른 보름달
한가위라

밀물처럼
그득,
모여든 식솔食率

하룻밤
꿈이런 듯
법석이다

썰물처럼
빠져나간
빈자리

달은 기울어
쓸쓸한 뒤안길에

또다시 시작되는

노모老母의
긴 기다림!

착각

등 굽은 노인을 보면
걸음이 멈춰집니다
백발 노신사를 보면
또다시 발걸음이 멈춰집니다

행여
여기 계실 리 없지만
가슴 저미는 그리움으로
기웃하는 버릇이 생겼습니다

시간은 흘러,
당신 가신 지 삼백 예순 다섯 날
아무렇지도 않게 밥 먹고, 잠자고
여전히 미워하고 사랑도 하며 살았습니다
이렇게 산 자는
눈물을 거두고 살아갑니다

환한 대낮에
선비같이 말쑥한 노인을 마주하고

어스름 해 진 때
버스에서 내리는 등짐 진 노인을 보면

당신인가 걸음을 멈추고
자꾸 뒤돌아봅니다
착각인 줄 알면서도

착각인데도…….

흔적

엄마의
서랍장을 가만히 열었다

정갈한 옷 위에 부유하는
단 · 물 · 난
흔적들

한평생
누구 아내로, 엄마로
알뜰했던 살림 중에
수의처럼 남겨진
엄마 옷가지

더께 앉은 세월에
바래고, 해진
당신만 같아

낡은,
서랍장을 훌쩍이며 닫았다.

슬픈 잠

자식 걱정
집안 걱정
밤보다 길어

하얗게 지샌
엄마의 백발

요양병원
침상에
몸을 뉘고

모자란 잠 채우려나
깊디깊은 잠

자궁 속 아기처럼
엄마는

깨워도 깨워도
잠만…….

노인의 날

어린이날에 어린이가 주인공이듯
노인의 날 주인공은 노인

장난감도 아니고
외식도, 새 옷도 일없다

보고픈 자식들 전화 한 통이면
한 달이 하루 같고
일 년이 한 달 같으련만

텔레비전에서는 노인의 날이라고
난리인데
우리집 전화기는 조용하다

그저 '잘 있다'는 목소리
'잘 지내냐'는 안부가
기다려질 뿐이다

대답도 준비되어 있다

'바쁜데 오지 마라
필요한 것 하나도 없다
너희들 건강하게 잘 살기만 바란다.'

오늘도 여삼추如三秋
지루하고 뼈아픈 하루가 그렇게 갔다.

잠자리는 또 나는데

갈바람에
이불 홑청 하얗게 마르고
가을볕에
물고추 빨갛게 마르고

풀 먹인 냄새 좋아
고추잠자리는
바지랑대 위에서
놀고

희나리 가르던
우리 엄마는
가새 들고 깜빡깜빡
졸고

그 가을 하늘 아래
잠자리는 또 나는데
엄마 앉았던 자리엔
쓸쓸한 갈바람이 지날 뿐…….

* 가새 : 가위

단풍 드는 산

발그레 물든 산아
어젯밤
누가 다녀갔니?

다람쥐도
고라니도
나도

꿀잠자고
일어난 아침

발그레 빰 붉은 산아
사랑하는 임
다녀갔구나!

쌀 세시기

설날 아침
떡국으로 나이 한 살 먹었다

정월 대보름
오곡밥 먹고
망월望月하던 밤마다
이웃 오랍 각시 되길 빌고 빌었지
불금不火하여 찬밥 먹는 청명 한식 지나
온 산 지천인 두견화 아름 따서
아낙네들 꽃지짐, 호사를 누렸다

살진 쑥 뜯어
수리취떡 해먹는 오월 단오는
그네 타다 눈 맞은 춘향이처럼
동네 처녀 바람난 소문이 무성했지
휘영청 달 밝은 추석에는
햅쌀 송편에 술新稻酒도 빚고
더도 말고 덜도 말고 한가위만 같아라

음력 상달 길일 택해
고사 상에 시루떡
일 년 노고 위로하며
백설기는 산신山神께

동짓날에 팥죽 쑤어
사당 차례 우선하고
방에 한 그릇, 광에 한 그릇
뒷간도 대문도
팥죽 받아 신나는
동지는 아세亞歲라
새해 버금가는 날!

아이야,
동지 팥죽 먹어야
진짜 나이를 먹는다

설날 아침에 떡국으로
나이 한 살 먹는 것처럼…….

* 오곡나루 축제 출품작

웅비하라 여주여!

태고적太古的 하늘이 열리고
굽이치는 산맥을 따라
강물도 일렁이며 달렸다

선사先史에서
즈믄 해를 넘고, 또 즈믄 해를 넘어
역사의 물줄기가 내달렸다

천혜天惠의 땅, 여주!

아름다운 산과 강
기름진 들녘
터 잡아 살아온 꿋꿋한 민초民草의
유구한 세월은
어른 공경하고 이웃 사랑하는
낙토樂土가 되었다

애민하신 세종대왕의 어지심과
북벌 펴신 효종왕의 주체성
명성황후의 구국 한이
면면히 이어진 거룩한 이 곳,

조상의 가호加護와 십일만 대동단결로
백이십 년 가까운 오늘에
시 승격을 이루었도다

자혜慈惠의 땅 여주여!
이제,
도농都農이 상생하여 균형 발전 이루고
시민의 자긍심을 고취하여
세계 속으로 나아가라
그 중심에 우뚝 서라

푸른 정기 상서롭게 걸린 산하에
힘찬 기운 거침없이 내달려
희망의 땅이 되어라

위대한 조상의 참뜻을 이어받아
더 큰 슬기와 더 큰 용기를
후세에 남겨 주어라

과거의 시간이 기다림이었다면
미래는 우리의 것이라

더 멀리, 더 크게 도약하고 비상하라

눈을 들어 하늘을 보라!

또 다시 하늘은 열리고
굽이치는 산맥 위에 더 푸른 희망이 비춴다
일렁이는 물결 위에 붉은 태양이 솟았다

도도한 역사의 물줄기를 따라
오늘도 쉼 없이 땀 흘리는
자랑스런 여주 시민이여!

21세기가 우릴 부른다
세계가 우리를 부른다
가슴을 활짝 펴고, 웅비하라 여주여!

2013. 9. 23
여주시 승격 축하 낭송시

가을 숲을 보며

숲이 많이
바랬다

아낌없이 내준
숲이
힘들었나보다

사랑한다,
사랑한다,
사랑한다던

내 삶도 많이
바랬다

아낌없이 내준
나도
많이 힘들었나보다.

사랑하는 이에게

야외 수업 빌미로 가을 풍경 속에 섰다
끝없이 펼쳐진 푸른 하늘과
마른 잎새 뒹구는 운동장 가에서
난 풍경화 속 정물이 되었다

간간이 들리는 차 소리
뛰노는 아이들 함성 속에
가을 소리는 묻혔으나
두 볼 스치는 바람이 여유롭다

아침!
그 짙던 안개 어디론가 사라지고
이젠
해맑은 웃음소리가 아쉬움을 덮는다

툭 터진 석류의 빨간 속살을
얼굴 붉히며 바라본 가을
초경初經의 놀람과 부끄럼이 함께 하던
아련한 소녀 시절 기억 마냥

내 나이 불혹을 지나
어설피 지천명 바라보는 지금
한 줌 가을볕에도 눈물이 난다

사랑하는 이 멀리 있음으로
내 안에 그댈 두고도 서러우려나!

이름 모를 새소리 들려오는 가을 한가운데서
풍경화 속 정물이 된 나는
사랑하는 사람을 안고 가을을 앓는다.

가을, 산수유 마을에서

가을 초입에
붉은 열매 먼저 매단 산수유

파란 잎 아직 많은
가지 사이에
수천수만 개의 붉은 보석이
반짝, 반짝이는
크리스마스트리

다가가지 않을 수 없는
고혹적인 모습에
급한 마음이 달려가고
스치듯 떠오는 그리움의 시

성탄제 가까운
눈 내린 날
눈길을 헤치고 따오신
붉은 산수유 열매

열에 들뜬 어린 시인이
아버지의 서늘한 옷깃에서
느꼈던 참사랑을
저기 저렇게 매달고
혈액처럼 익어가고 있다

산수유 마을은 반갑게도
눈시울 뜨거운 길손을
손짓하며 부른다

아직 산수유 마을 초입인데…….

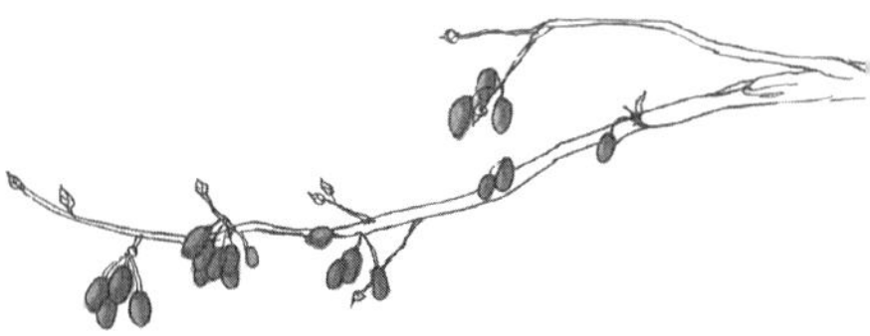

*성탄제-김종길 시

엄마의 바다

철 지난
쓸쓸한 바다

깨지고 부서진
조가비 잔해

그마저 뭐라고
파도 달려와

꿀꺽
삼켜버린

슬픈
겨울 바다

제4부

소중한 추억

빈자리

'있을 때 잘해'
대중가요가 가슴에 와 꽂힌다

삼시세끼 밥하기 싫다
구시렁대도
못들은 척 바닥낸 찬그릇
뒤통수에 대고 눈을 흘겨도
한 그릇 뚝딱
비운 밥그릇

세간의 삼식이, 우리 남편은
북경서 50도 백주로
목구멍을 씻는데
식기 건조기 위 마른 그릇들
긴 잠에 들었다

혼자 먹는
찬물 부은 밥 한 덩이
떠먹다 그만
숟가락을 놓았다

카-톡,
까-똑

계림, 양삭, 요산에서 감탄을 보내고
무릉도원서 삼일三日 밤낮 노느라
날 잊고 있을 당신

가끔 미웠던 맞은 편 자리
잠깐의 이별이 무어라
이토록 허전할까
통속한 유행가 귓전을 맴도는
'있을 때 잘해, 후회하지 말고…'

밥 잘 먹어주는 남편이
건강한 당신이 얼마나 고마운지

누군가를 위해 밥 짓고
맛있다 칭찬하는 식구食口가
얼마나 나를 행복하게 만들었는지

빈자리를 보며 불현듯 깨닫는다.

눈 온 날

다른 날보다 유난히
환한 밖을 보니
설국雪國이다

흰 눈 쌓인 길
그이 팔짱을 끼고
예쁜 딸들 들러리 삼아

예배당으로 가는 길

다른 날보다 더욱
행복한 걸음

천국天國이다

첫사랑

그땐
너무 어려 말 못한
가슴에 고이 간직한 소녀

초로의 동창 모임에 그녀도 올까?

먼발치서 웃고 서 있는
첫사랑 소녀야
심장이 터질 듯
그때처럼
아무 말 못하고……

전화기 너머 취한 목소리

첫사랑이었다고
이젠 늙어서
말할 수 있다고……

뜬눈으로 지새운 밤
나에게도 그가
첫사랑이었나 보다.

세대교체世代交替

꽃들이 피어야
열매가 있다

긴 시간
인내 없이
꽃인들 필까

꽃잎 한 장으로
피는 꽃은 없다

나이 터울 많아도
서로 의지하며
함께 하는
우리집 세 자매

육십 년 너머
자란 나무에
늦게 피어 실하게
영근 열매들

큰 그늘도 세월 앞에서야
어찌 당할까
나무야, 열매야
섭섭해 말자

떨어져야 다시
꽃이 피는 걸.

큰딸에게

네가 태어났을 때
기쁨은
평생 갚아도 다 못 갚을 만큼
너무 커
엄마는 빚쟁이야

돌지 않는 혀끝으로 옹알이할 때
무릎 더듬어 기어오르는 너를 안았을 때
지구를 당당히 밟고 서서 아장아장 첫걸음 뗐을 때
신통방통하게 글눈을 떠 글자를 읽어낼 때……
안겨준 이 기쁨들은

네가 아파 눈물로 지새운 밤
자잘한 투정들과
사춘기의 홍역도
비할 바가 아니지

동생한테 양보하고
엄마처럼 동생 돌보는
착한 딸로 자란 서른 해도

네가 준 기쁨

세상 모든 곳에 하느님이 계실 수 없어
엄마를 보냈다는 신神의 축복이
얼마나 감사한지
내가 네 엄마여서
네가 내 큰딸이어서
행복한 엄마는

아직도
네가 준 기쁨의
절반도 못 갚고
죽어서도 아마 다 못 갚을

엄마는 영원한 빚쟁이야.

돌아보면

사람이 크면
모든 것이 작아 보이는지

그 크던
초등학교 운동장
책상 걸상이
장난감 같다

동무들과 놀던
느티나무 그늘에 들어
아이가 되어본다

사람이 크면
모든 게 작아 보인다고

큰 산과 같았던 아버지
강물줄기 같았던 어머니가
아기 같다

내가 컸는지

작아진 아버지 어머니
그림자가
내 안에 든다.

눈

추락하는 나에게
무섭지는 않은지
묻지도 않고

인간은 저들
기분대로
반가운 환호성

허공을 가르며
두려워 떨다
송이송이 붙어
내린 함박눈

우리 주검은
그득 쌓여
아름다운 은세계

녹슨 바퀴 구르는 대로

피붙이인 양
낡은 유모차에 파지破紙 다발
가득 쌓아 꼭꼭 묶은
그 할머니의 보물단지

어스름 날 저무는 차도 위서
방향 잃고 헤매는 낡은 유모차
녹슨 바퀴 구르는 대로
휘청대는 삶의 고된 무게

아!
차 안에 갇힌 안타까운 마음은
그 할머니 짐을 힘껏 밀고 있었다.

눈 치우다

욕심내서 마당을 크게 두었더니
눈만 오면 겁이 덜컥 난다

빗자루
넉가래를 동원해
쓸고 밀고
치워도 온통 눈이다

땀 흘리고 서서
한 겹씩 두꺼운 옷을 벗으면
쌓인 눈이 배시시 웃는 듯
더 빛나는 세상

눈밭을 뒹구는 강아지와 딸
부러워, 나도 모르게
넉가래 집어던지고
눈 위에 대大자로 누워 버린다

사랑은 결코 미안하다고 말하지 않는 거예요
Love means never having to say you are sorry

눈 장난Snow Frolic이 하늘에 잔잔히 흐른다.

전역식에서

모두 하늘의 별을 보았지
어린 왕자가 두고 온 별

화랑의 후손 아름다운 청년은
전방 산야에서 불혹不惑을
해안선 지키며 지천명知天命
어느 덧 이순耳順의 나이 먹어
푸른 제복을 벗는 날이 되었다

반백의 머리칼
주름진 얼굴
지난 시간들이 스쳐간다

죽는 순간까지 하늘을 우러러 부끄럼 없을
든든한 남편
멋있는 아버지
떳떳한 선배
진실한 동지로
이기자, 불무리, 백골, 청성, 사자, 비룡, 태풍……

오로지 충성! 충성!

당신은 진정한 애국자!

청춘의 병사를 사랑한 당신
그들의 희생과 값진 의무를 존중한 당신
매순간 어느 곳에서든 당신은
별보다 더 반짝였고 가장 빛나는 별이었다
돈보다, 명예보다,
사람다운 사람이, 군인다운 군인이 되기를

동지섣달 그믐 가까운
찬바람 부는 연병장 전역식장에
강원도 화악산 매서운 바람이
감악산, 치악산 시린 바람이
천하무적의 청년들 사이를 휘돌아 나간다

혹한 속에서도 흔들리지 않은 저들의 기개
이젠 두고 가도 안심이 될 저들의 애국심

당신의 아내여서 행복하고
당신의 딸이어서 행복하고
당신의 부하여서 행복했노라

당신은
나의 별
전우들의 별,
조국의 별, 세계 평화의 별

당신이
최고였노라!

눈雪, 눈물淚

어찌 너를 보고 잠을 자랴
창밖으로 너울대는
흰 나비 떼

창문 열고 손 뻗으니
살갗 간질이며
내려앉는 나비

그렁그렁 고인 눈물은
슬픈
사연인가

흐르는 눈물 닦아주려니
이내 사라지는 나비
나비, 나비

나비의 눈물.

소중한 추억

갈이 나이 들어가는
중대장 시절 부대원들이
가져온 소나무 기념식수 하고
숯불 위에 삼겹살을 굽는다

허연 머리칼 맞대고
건배를 외치며 들어 올린 소주잔이
마중물 되어
삼십 오년 전 추억을 길어 올린다

젊은 함성으로 하루가 열리고
땅 울리는 발걸음으로 하루를 닫는
전방 산골짜기
사단 체육대회 종합우승
빙상 대회 우승 깃발을 흔들고
막걸리 잔을 들어 축배를 외치던
전우들이 여기 모였노라

혹한의 추위

극한極限의 더위와 맞서는
실전 같은 훈련이
화악산을 넘고, 명지고개 넘어
승전가 부르며 돌아온
의기충천의 전우들 여기 있노라

천 리 행군 지친 몸을 이끌고
돌아오는 신 새벽
잠든 아이 업고 마중 나와
손 흔들던 군인 가족들과
차부 옆 별다방 아가씨의 반가운 인사가
고된 훈련을 잊게 해준 추억이었지
박봉에 삼겹살 사다 펼쳤던 회식자리
인정으로 꽉 채운 구수한 연기가
여기 우리 집 뜨락에 다시 피어오른다

잊지 않고 찾아준 전우들을 위해
정성을 다한 상차림이 고마워
바라본 아내의 얼굴,

지천명을 넘고 이순을 향해
착한 아내가 늙어간다

굽이굽이 산을 돌아 강원도 산골
낡은 관사 연탄난로 위
들통은 종일 끓어 온기를 살리고 있다
얼음 깬 개울물에 기저귀를 빨고
설설 끓는 물을 섞어 목욕 시킨 아들은
가족사진 속에서 대위계급장을 달고 경례를 한다

너른 잔디밭 위 반백의 노병들이
아름다운 청년으로 돌아가
가득 채운 술잔을 높이 들어 충성을 외치며
소중한 또 한 페이지의 추억을 엮고 있다.

B형 남편

고집 센 내 남편은
뭐든 자기가 하고픈 대로 한다
먹는 것도 그렇고
사는 것도
자기 멋대로 하고야 만다

사과할 줄도 모르고
고마워할 줄도 모르고
미안해 할 줄도 모른다
맘은 있는데
표현을 못한다는 변명과
못하니까 차라리 안한다는 궁색한 변명은
변하지도 않는다

다른 사람한테는 배려도 잘하고
양보도 잘하고
주기도 잘하는데
왜
아내한테는

그게 안 될까?

같이 산 35년, 시어머니가 키운 그 아들은
세 살 버릇을 가지고 지금
아옹다옹 살면서 큰소리친다
대충 해준 설거지가 면죄부
빨래 한 번 개주고 써 먹고 또 써 먹고
청소기 가끔 돌린 후 공치사 하고
생일 선물 카드로 긋고 생색내는 내 남편

B형 남자라 그럴까
B형 남편이라 그럴까
친정 부모와 친지 그리고 친구들이
사람 좋다고 부러워하는 내 남편은
멋지다 소리 듣는 B형이다

그래도 속 좁아 삐쭉거리고
사사건건 딴지 거는 남자보다
혼자 잘 놀고 맛있는 거 찾아 먹는

팔자 좋은 남편이라 좋고
남들한테 욕 안 먹어 덩달아 괜찮은 마누라라
칭찬받으니 산다

늦게 배운 골프에 푹 빠져
부르는 자리마다 달려 나가도
아프다 소리 안하는 든든한 내 옆지기
아직까지 사랑이 남아 있는지
멀리 출타라도 하면 보고 싶고 궁금하고……

재수 좋은 B형 남편,
시어머니가 키운 남의 편이
요즘은 조금씩 변하려 애쓰며
내 편이 되어가고 있는 중이니

참 별일이다.

당신의 유물
– 혼자되신 어머니를 보며

식탁 위엔
주인 잃은 은수저 한 벌
빈 의자 덩그러니 당신 자리

그리움에
한 번 쳐다보고
눈물 섞인 밥을 먹는다

현관엔 눈에 익은
구두 한 켤레
낡은 신발 옆에 나란히 있다

쓸쓸한 여생을 함께 하다
먼저 간 당신이 두고 가신
은수저 한 벌
구두 한 켤레

그리 가실 줄 알고도
아끼느라 못해드린 것
나도 못 쓰네,
내 것 아니라 못 쓰네.

바람

나는 태초부터
세상에 있었다

꽃향기를 날리는 것도
벌 나비의 춤사위도
내가 한 일
비를 뿌리고
눈발을 널리 펼치는 것도
내가 한 일이건만

보이지 않는다고
제일 늦게 탄생한 인간들만
없다고 말한다

보여야 믿고
들려야 돌아보는
의심 많은 사람아

우주에서 바라본
너희도

보이지 않지만

신은 어여삐 여기며
내 불만보다 너희 편을 들어
늘
용서하신다

보이지 않는다는
바람은
사랑처럼 네 곁에 있다.

퇴행

여든 다섯의 시어머니는 여섯 살
손녀가 먹는 과자를
슬그머니 당겨다 자시고는
아닌 척 시치미 뚝 떼어
아이를 울리고

까탈지게 주문 얹은
고기, 생선 찬을 드시다가도
아들 오면
비린 것 싫다 밀어 놓고
입을 닫는 변덕

옛날 어디쯤 살던
뉘 집 이야기는
끝이 없는 도돌이표

점점 애기가 되어가는
당신이 미워
눈을 흘기다가

애써 맘 고쳐먹고
앙상한 등 밀어 드리면
물놀이에 빠져
행복한 시간

인내심의 한계에서
눈물 훔치면
"고맙습니다"
인사하는

여섯 살 어머니!

보금산 소나무

오 척 단구 어머니가
굽은 허리 펴지도 못하고
보호 울타리 안에 서 있다

늙음을 향한
세월의 계단을 올라
이 모습 저 모습으로
산을 메운 나무들

구중궁궐 기둥도
바다 위 목선도
한 그루 나무에서
만들어지는데…

가난한 어미
당신에게서
잘난 아들, 잘난 딸
생겨났는데……

회오리바람 이겨내고
따리 틀 듯
고아高雅한 자태의 소나무!

생전보다
더 작아진 어머니는
무얼 더 내줄 게 있다고

세상사 지친 후손들 맞아
저리도 환히 웃고 계신지…….

* 경기도 여주시 강천면 서쪽 보금산(寶金山, 365m) 정상에 있는 보호수

다시 태어난다면

우리 엄마 몸 빌려
다시 태어난다면

아들로 큰아들로
자랑스레 태어나
엄마 사랑 받고파

미워서 받았다면
덜 서러웠을
딸이라서 숱하게 흘린 눈물

가슴에 대못 박히고도
엄마의 주문은
언제나 아들

우리 엄마 몸 빌려
다시 태어난다면

이루지 못한 소원
다 이뤄드리고파.

안개처럼

그 먼 길, 강원도 철원에서 출발한 새벽길. 세상 무엇 하나 제 모습 드러내지 않은 이른 시간에 물상을 깨우며 달린다. 전조등 비친 안개 속의 황색선이 희미하게 드러난 아스팔트 길을 따라 온갖 신경을 곤두세우며 출근하면서도 하루 더, 사랑하는 이 곁에 머물렀음에 감사하던 기억. 산을 넘고 강가도 지나 두어 시간 달려와 종착지에 도달할 즈음이면 소리도 없이 흔적도 없이 사라진 안개의 신비로움. 나는 안개를 사랑했다. 가만히 품고 있던 세상을 기척도 없이 드러내 주고 조용히 사라진 안개를 보며 내 인생도 요란스럽지 않게 살 수 있기를 닮고 싶었다. 요란한 기삿거리보다 신문 한 귀퉁이에 실린 미담 한 토막이 더 많은 이들의 심금을 울리는 것처럼 내 삶도 아름다운 기억 속에 풋풋하게 남아 미소 짓게 했으면 좋겠다고 생각했다. 무게 없이 다가와 물상들 끌어안고 있다가 티끌만큼도 상처내지 않고 가만히 돌려주는 사랑법, 나도 그 안개처럼 살고 싶다.

계간문예시인선 134

안윤희 시집_ 며느리서까래

초판 인쇄 2018년 9월 10일
초판 발행 2018년 9월 15일

지 은 이 안윤희
회 장 서정환
발 행 인 정종명
편집주간 차윤옥

펴낸곳 도서출판 **계간문예**
편집부 03132 서울 종로구 삼일대로 30길 21 종로오피스텔 1209호
주소 03132 서울 종로구 삼일대로 32길 36 운현신화타워 305호
전화 02-3675-5633, 070-8806-4052
팩스 02-766-4052
이메일 munin5633@naver.com
등록 2005년 3월 9일 제300-2005-34호
ISBN 978--89-6554-186-8 04810
ISBN 978-89-6554-118-9 (세트)

값 10,000원

이 도서의 국립중앙도서관 출판예정도서목록(CIP)은 서지정보유통지원시스템 홈페이지(http://seoji.nl.go.kr)와 국가자료공동목록시스템(http://www.nl.go.kr/kolisnet)에서 이용하실 수 있습니다. (CIP제어번호: CIP2018029400)